AF245632

CONSTITUTION

FRANÇAISE;

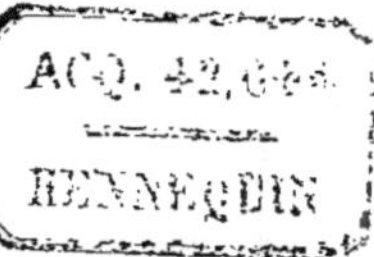

PAR M. RUELLE,

ANCIEN AGENT DIPLOMATIQUE.

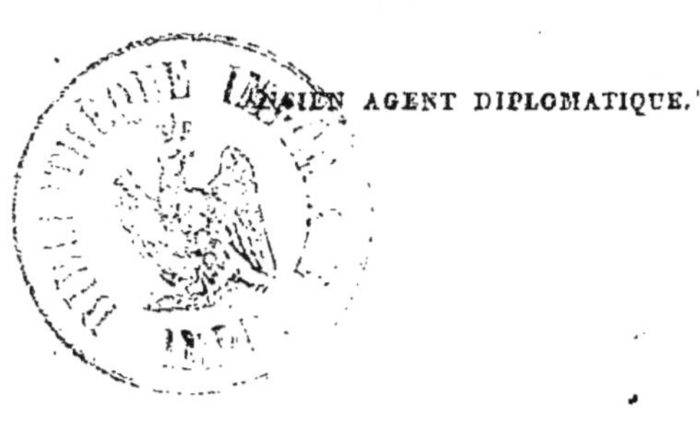

PARIS,

CHEZ L'AUTEUR, RUE TRAINÉE, N°. 15.

1814.

ÉPITRE

A MES CONCITOYENS.

F RANÇAIS,

AYANT toujours conservé l'espoir du retour de notre Roi légitime, je me suis occupé d'une Constitution qui pût garantir à jamais son trône et vous-mêmes d'une nouvelle révolution.

C'est cette Constitution que je vous offre aujourd'hui; elle lie en effet le Peuple et le Roi à sa conservation par un intérêt respectif et par des moyens qu'aucune faction ne sauroit anéantir; mais ce qu'elle a encore de bien important, c'est qu'elle découvre aux autres Monarques et aux autres Nations le secret d'une paix perpétuelle.

J'ai eu l'honneur de l'adresser à Sa Majesté l'Empereur de Russie, comme vous le verrez par la lettre dont la copie est ci-jointe, parce que la magnanimité qu'il a déployée, après la victoire la plus disputée, prouve que les droits de l'humanité sont bien chers à son cœur, et ne peuvent pas être mis sous une plus puissante protection.

Le Sénat, cependant, doit proposer à votre acceptation une autre Constitution dont il a déjà fait publier les articles; mais, depuis qu'il a décrété l'usurpation du trône et des levées de plusieurs millions d'hommes pour soutenir l'usurpateur, vous ne pouvez en accepter aucune qui ne garantisse le Roi et vous contre toute autorité constituée.

C'est le vice radical de toutes les constitutions jusqu'à présent connues qu'elles n'ont offert aucune garantie de cette espèce; cependant, on doit savoir, depuis des siècles, que les Empires qui ont disparu n'ont été détruits que parce que les autorités qui les gouvernoient ne connoissoient aucun frein.

Cicéron ne nous a-t-il pas appris jusqu'à quel point le Sénat de Rome abusoit de son pouvoir, quand il a dit qu'*il enfantoit les crimes: E. Senatus-consultis scelera oriuntur;* et les excès de cette odieuse magistrature n'ont-ils pas le plus contribué à la chute de l'Empire Romain?

Sans la générosité des Vainqueurs, leur estime pour la Maison de Bourbon, et les vœux du Monde entier pour son rétablissement, la France elle-même n'auroit-elle pas subi le sort de Rome? Le Sénat de Paris ne l'avoit-il pas laissée sans

défense, pour avoir livré à l'usurpateur les millions d'hommes qu'il a été jeter dans les brasiers
de l'Espagne et les glacières de la Moscovie ?

Tout Sénat, *comme corps uniquement politique*, ne peut jamais produire que des maux ;
aussi ma Constitution n'admet-elle aucun corps de
cette espèce, et encore moins le Sénat de Buona-
parte ; car j'y ai surtout stipulé les intérêts de
l'humanité.

Mais enfin, mes Concitoyens, vous allez connoître cette Constitution, et sans doute vous re-
marquerez qu'*elle donne à des assemblées respec-
tables par leur organisation et leur indépendance le
droit et la facilité de destituer tant les membres du
pouvoir législatif que les agens du pouvoir exécutif
qni attenteroient aux droits du Roi ou aux vôtres.*

Eh bien ! retenez que ce n'est qu'à cette con-
dition que vous pouvez avoir une vraie Constitution, et que toute autre qui ne la consacreroit
pas seroit absolument illusoire pour Sa Majesté
comme pour vous.

La conception de cette mesure, qui est vérita-
blement toute neuve, appartient au zèle le plus
religieux pour l'humanité et à la plus opiniâtre
recherche des moyens d'améliorer son sort ; aussi
puis-je dire, dans l'ardeur du même zèle, et par
l'évidence du besoin de cette même mesure,
qu'elle fait de ma Constitution la première Cons-

titution du Monde, celle enfin que l'on cherche, depuis l'origine des sociétés politiques, et que, très-malheureusement, personne n'a trouvée avant moi.

Oui, mes Concitoyens, par cette Constitution vous auriez constamment un Henri IV; toutes les sources des discordes civiles seroient taries pour jamais; vous n'auriez plus de guerres étrangères à craindre; le bonheur, en un mot, seroit en permanence sur le trône et dans toutes vos familles; et cet exemple, en attirant des imitateurs à votre pacte social, propageroit la paix perpétuelle des Peuples et des Rois jusques aux confins du Monde.

A SA MAJESTÉ

L'EMPEREUR DE RUSSIE.

SIRE,

PÉNÉTRÉ d'admiration pour les sen‑
timens que VOTRE MAJESTÉ IMPÉRIALE a
manifestés dans sa déclaration du 31
mars, et en particulier pour le vœu
qu'elle a exprimé relativement à une
constitution qui puisse convenir au
peuple français, je m'empresse d'en
offrir une de cette nature à VOTRE
MAJESTÉ.

C'est un ouvrage que j'ai fait dans l'espoir de l'évènement que Votre Majesté a si glorieusement amené.

La crainte que l'oppresseur dont elle délivre la France ne le dérobât à l'humanité, me fit prendre aussitôt le parti de l'envoyer, à titre de dépôt, à M. Jefferson, ancien président des États-Unis d'Amérique ; j'attachois d'ailleurs un très-grand prix au jugement qu'un homme de sa célébrité en porteroit.

Il s'est en effet prononcé en sa faveur, et même si fortement, que je supplie Votre Majesté de permettre que je joigne ici la copie de la lettre dans laquelle il m'a témoigné son suffrage.

Je pourrois citer plusieurs autres personnages que l'opinion publique m'avoit désignés pour être capables d'en juger, et dont l'un a été jusqu'à me dire qu'il le regardoit comme l'évangile politique; mais je peux du moins affirmer, en ma qualité de membre de l'ancien Corps Diplomatique de France, sous Louis XVI, qu'il remplit si parfaitement les garanties que le cœur de Votre Majesté désire de trouver, pour la sécurité de l'Europe, dans la constitution à laquelle elle a eu la magnanimité d'inviter la nation française, qu'il est en effet lui-même la semence d'une paix perpétuelle pour tout l'univers.

L'hommage de ma Constitution est donc éminemment dû à Votre Majesté, puisqu'elle ajoute aux garanties que son cœur ambitionne celles qui intéressent l'humanité entière, et que

celles-ci ne peuvent pas être démon-
trées à VOTRE MAJESTÉ sans obtenir
son appui.

Je suis avec le respect le plus
profond,

SIRE,

De VOTRE MAJESTÉ IMPÉRIALE,

Le très-humble et très-obéissant
serviteur.

RUELLE,

ancien agent diplomatique.

Paris, le 4 avril 1814.

LETTRE DE M. JEFFERSON,

PRÉSIDENT DES ÉTATS-UNIS D'AMÉRIQUE,

A M. RUELLE,

ANCIEN AGENT DIPLOMATIQUE.

Washington, le 25 février 1809.

MONSIEUR,

J'ai bien reçu les lettres dont vous m'avez honoré, en date du 29 mai et du 11 juillet, et, avec la dernière, une copie de votre Constitution avec les nouvelles augmen—tations.

Nos usages ne me permettant pas de la présenter en forme au Corps-Législatif de la Nation, je l'ai déposée dans sa bibliothèque, où chacun de ses membres aura l'occasion de profiter des vérités qu'elle contient, et elle sera, comme vous le désirez, dans un dépôt loin du bras de la violence.

Il n'est pas d'intérêts plus chers aux hommes que ceux qui doivent leur être assurés par la forme du gouverne-ment, et l'on ne peut leur rendre un plus grand service que de contribuer à l'amélioration de cette forme. La conscience d'avoir bien mérité en cela du genre humain est déjà une grande récompense de vos travaux ; mais il y sera ajouté l'hommage des nations qui en éprouveront les bienfaits.

Quant à moi, permettez que je vous offre les assurances de mon estime et de mon profond respect.

T. JEFFERSON.

PRINCIPAUX POINTS

DE LA CONSTITUTION.

SÉPARATION des pouvoirs législatif et exécutif.

Un gouvernement divisé en quatre conseils responsables, dont les membres nommés et révocables par le corps législatif.

Les députés au corps législatif nommés et révocables eux-mêmes par les assemblées électorales.

Solidité inébranlable donnée en conséquence à ces assemblées.

Le corps législatif ne pouvant rendre aucune loi en affaires majeures, notamment sur la paix, sur la guerre et sur les impôts, autrement que par appel nominal.

Envoi de chaque appel nominal aux assemblées électorales, et par conséquent connoissance que ces assemblées auront des votes de leurs députés; en sorte qu'elles révoqueront ceux qui en auront portés en faveur de lois qui blesseroient les droits ou les intérêts de la nation, et que celle-ci ne pourra jamais être engagée dans une guerre offensive, ni soumise à des charges arbitraires.

La liste des impôts fixée sans qu'il puisse en être créé d'aucune autre espèce, ni être jamais rien pris sur les salaires du peuple.

Les emprunts d'Etat prohibés.

Le commerce et l'industrie délivrés pour toujours de toutes barrières et de tous règlemens, autres que ceux de simple police.

Les bases des relations commerciales avec les nations étrangères, posées immuablement et cimentées par la plus parfaite réciprocité.

En un mot, impossibilité d'être mal gouverné, et par conséquent, entière sûreté pour le Roi comme pour le Peuple.

CONSTITUTION FRANÇAISE.

———

Le Roi voùlant assurer à perpétuité les droits de la Nation et l'inviolabilité de sa personne, adopte la Constitution ci-après, et la reconnoît pour loi fondamentale du Royaume.

———

Division des Pouvoirs de la Nation.

ARTICLE PREMIER.

Le pouvoir législatif est délégué à un congrès ; le pouvoir exécutif au Roi.

2.

Le pouvoir exécutif s'exerce sous l'autorité du Roi par quatre conseils nationaux.

3.

Les conseils nationaux sont :

1°. Une chancellerie qui veille à l'administration générale de la justice, et qui a la garde du sceau de l'Etat ;

2°. Un consulat qui veille à l'administration générale de la police, des finances et des départemens ;

3°. Un généralat qui veille à l'entretien et à la discipline des armées de terre et de mer ;

4°. Un conseil diplomatique qui veille à la sûreté extérieure de la nation.

Composition du Congrès.

4.

Le congrès est composé d'un député de chaque département, dont la mission dure jusques à révocation.

Ce corps est constitué sous un président et quatre vice-présidens.

Les vice-présidens, chacun à son tour, et par rang d'ancienneté, remplacent le président au bout de quatre ans d'exercice.

Le président, sorti de fonctions, reste vice-président, et prend rang de nouveau pour la présidence, mais seulement à compter de cette mutation.

A l'avenir le congrès nommera parmi ses membres, aux places de vice-présidens vacantes ; mais le Roi fait cette fois les nominations ci-après, et fixe, en outre, le rang d'ancienneté des vice-présidens, suivant l'ordre dans lequel ils se trouvent nommés.

Le président, premièrement déclaré vice-président, est le citoyen

Député du département d

Les vice-présidens sont :

Le citoyen

Député du département d

Le citoyen

Député du département d

Le citoyen

Député du département d

Le citoyen

Député du département d

5.

Les membres du congrès sont inéligibles à toute autre fonction publique, soit pendant leur mission, soit après.

Traitement annuel des Membres du Congrès.

6.

Le traitement annuel du président du congrès est fixé à la valeur de   myriagrammes de froment ;

Il est, en outre, logé et meublé au palais du congrès.

Le traitement de chaque vice-président est fixé à la valeur de

Le traitement de chacun des autres membres du congrès est fixé à la valeur de

7.

Le congrès réduit en numéraire les divers traitemens stipulés en froment, tant par l'article précédent que par les articles 56 et 59, et renouvelle cette estimation quand il le juge à propos.

2

De la Royauté et du Roi.

8.

La Royauté est indivisible et déléguée hérédi-tairement à l'ancienne et auguste maison de Bour-bon, de mâle en mâle, par ordre de primogéni-ture, à l'exclusion des femmes et de leur descen-dance.

9.

La personne du Roi est inviolable et sacrée'; son seul titre est *Roi des Français ;* mais les qualifica-tions de *Sire* et de *Majesté* lui sont dues par toute autorité constituée et par tout individu.

10.

Le Roi, à son avènement au trône, ou dès qu'il aura atteint sa majorité, prêtera à la nation, en présence du congrès, le serment d'employer tout le pouvoir qui lui est délégué à maintenir la Cons-titution et à faire exécuter les lois.

11.

La nation pourvoit à la splendeur du trône par une liste civile, dont le congrès déterminera la somme à chaque changement de règne, et pour toute la durée du règne.

12.

Le Roi nommera un administrateur de la liste civile qui exercera les actions judiciaires du roi, et contre lequel seul les poursuites des créanciers de la liste civile seront dirigées, et les condamna-tions prononcées et exécutées.

13.

Les biens particuliers que le Roi possède à son avènement au trône, sont réunis irrévocablement au domaine de la nation ; il a la disposition de ceux qu'il acquiert à titre singulier ; mais, s'il n'en a pas disposé, ils sont pareillement réunis à la fin du règne.

De la Régence.

14.

Le roi est mineur jusqu'à l'âge de dix-huit ans accomplis ; et, pendant sa minorité, il y a un régent du royaume.

15.

La régence appartient au parent du Roi, le plus proche en dégré, suivant l'ordre de l'hérédité au trône, pourvu qu'il soit âgé de vingt-cinq ans accomplis, qu'il soit Français et regnicole, et qu'il ne soit pas héritier présomptif d'une autre couronne

Les femmes sont exclues de la régence.

16.

Le régent ne peut commencer l'exercice de ses fonctions qu'après avoir prêté à la nation, en présence du congrès, le serment d'employer tout le pouvoir délégué au Roi, et dont l'exercice lui est confié pendant la minorité du Roi, à maintenir la constitution et à faire exécuter les lois.

17.

Le régent exerce jusqu'à la majorité du Roi

toutes les fonctions de la royauté, et n'est pas personnellement responsable les actes de son administration.

18.

Le congrès déterminera le traitement du régent aussitôt qu'il aura prêté le serment prescrit par l'art 16, et ce traitement ne pourra pas être changé pendant la durée de la régence.

19.

La régence du royaume ne confère aucun titre sur la personne du Roi mineur.

20.

La garde du Roi mineur est confiée à sa mère; et, s'il n'a pas de mère, ou si elle est remariée au temps de l'avènement de son fils au trône, ou si elle se marie pendant la minorité, la garde est déférée par le congrès.

Ne peuvent être élus pour la garde du Roi mineur, ni le régent et ses descendans, ni les femmes.

21.

En cas de démence du Roi, légalement constatée et déclarée par le congrès, après trois délibérations successivement prises de mois en mois, il y a lieu à la régence, tant que la démence dure.

De la Famille du Roi.

22.

L'héritier présomptif du trône porte le nom de Prince Royal.

23.

Il ne sera accordé aux membres de la famille du Roi aucun apanage réel.

Les fils puînés du Roi recevront, à l'âge de vingt-cinq ans accomplis, ou lors de leur mariage, une rente apanagère, laquelle sera fixée par le congrès, et finira à l'extinction de leur postérité masculine.

Organisation de la Chancellerie.

24.

La chancellerie est composée de trois membres dont les fonctions durent jusqu'à révocation.

Un des trois membres a le titre de chancelier; les deux autres celui de vice-chanceliers.

Les vice-chanceliers remplacent le chancelier par rang d'ancienneté, au bout de quatre ans d'exercice.

Le chancelier, sorti de fonctions, reste vice-chancelier, et prend rang de nouveau pour la place de chancelier, mais seulement à compter de cette mutation.

A l'avenir le congrès nommera aux places de vice chanceliers vacantes, sur la proposition que la chancellerie lui fera de trois candidats choisis parmi les membres, mariés ou veufs, du tribunal de cassation; mais le Roi fait à présent les nominations ci-après, et fixe en outre le rang d'ancienneté des vice-chanceliers, suivant l'ordre dans lequel ils se trouvent nommés.

Le chancelier, premièrement déclaré vice-chancelier, est le citoyen

Les vice-chanceliers sont :

Le citoyen

Le citoyen

25.

Les membres de la chancellerie sont inéligibles à toute autre fonction publique, soit pendant qu'ils sont en place, soit après en être sortis.

26.

Il y a près la chancellerie un ministre de la justice, un secrétaire d'Etat et deux messagers d'Etat, que le chancelier a le droit de nommer et de révoquer.

Organisation du Consulat.

27.

Le consulat est composé de trois membres dont les fonctions durent jusqu'à révocation.

Un des trois membres a le titre de consul; les deux autres celui de vice-consuls.

Les vice-consuls remplacent le consul, par rang d'ancienneté, au bout de quatre ans d'exercice.

Le consul, sorti de fonctions, reste vice-consul et prend rang de nouveau pour la place de consul, mais seulement à compter de cette mutation.

A l'avenir le congrès nommera aux places de vice-consuls vacantes, sur la proposition que le consulat lui fera de trois candidats choisis parmi ses principaux agens, mariés ou veufs, autres toutefois que ses secrétaires d'Etat; mais le Roi fait à présent les nominations ci-après, et fixe en outre le rang d'ancienneté des vice-consuls suivant l'ordre dans lequel ils se trouvent nommés.

Le consul, premièrement déclaré vice-consul, est le citoyen

Les vice-consuls sont :

Le citoyen

Le citoyen

28.

Les membres du consulat sont inéligibles à toute autre fonction publique, soit pendant qu'ils sont en place, soit après en être sortis.

29,

Il y a près du consulat un ministre de la police, un ministre des finances, un ministre des départemens, un secrétaire d'Etat et deux messagers d'Etat, que le consul a le droit de nommer et de révoquer.

Organisation du Généralat.

30.

Le généralat est composé de six généraux du plus haut grade, dont trois pris dans les armées de terre, trois dans les armées navales, et dont les fonctions durent jusqu'à révocation.

Ce corps est partagé en deux sections, à chacune desquelles trois membres sont spécialement affectés.

Ces sections sont :

1°. Celle des armées de terre ;

2°. Celle des armées navales.

Un des six membres dont ces sections sont composées a le titre de généralissime ; les autres celui de vice-généralissimes.

Les vice-généralissimes, d'abord à tour de section, et ensuite par rang d'ancienneté dans chaque section, remplacent le généralissime au bout de quatre ans d'exercice.

Le généralissime , sorti de fonctions, reste vice-généralissime, rentre dans sa section, et y prend rang de nouveau pour la place de généralissime, mais seulement à compter de cette mutation.

A l'avenir le congrès nommera aux places de vice-généralissimes vacantes, sur la proposition que le généralat lui fera de trois candidats qui soient mariés ou veufs, et autres toutefois que ses secrétaires d'Etat ; mais le Roi fait à présent les nominations ci-après, et fixe en outre le rang d'ancienneté des vice-généralissimes dans leurs sections , suivant l'ordre dans lequel ils s'y trouvent nommés.

Le généralissime , premièrement déclaré vice-généralissime des armées de terre , est le citoyen

Les vice-généralissimes des armées de terre sont les citoyens

Les vice-généralissimes des armées navales sont les citoyens

3ı.

L'ascendant et le descendant en ligne directe ;
les frères , l'oncle et le neveu, les cousins au premier dégré , et les alliés du président du congrès ,
à ces divers dégrés , s'ils sont membres du généralat, ne peuvent être généralissimes pendant sa
présidence; ils restent ou rentrent dans les fonctions de vice-généralissimes jusqu'à ce que le président , dont ils sont ainsi parens ou alliés , soit
remplacé; mais aussitôt ce remplacement, le généralissime qui a pris leur place la leur rend , en
conservant néanmoins le droit de leur succéder
pour achever le temps de généralat qui peut lui
être dû.

32.

Les membres du généralat sont inéligibles à
toute autre fonction publique , soit pendant qu'ils
sont en place, soit après en être sortis.

33.

Il y a près du généralat un ministre des armées
de terre, un ministre des armées navales , un secrétaire d'Etat et deux messagers d'Etat, que le
généralissime a le droit de nommer et de révoquer.

Organisation du Conseil Diplomatique.

34.

Le conseil diplomatique est composé de trois
membres dont les fonctions durent jusques à révocation.

Un de ces membres est président, les deux autres sont vice-présidens.

Les vice-présidens remplacent le président par rang d'ancienneté, au bout de quatre ans d'exercice.

Le président, sorti de fonctions, reste vice-président, et prend rang de nouveau pour la présidence, mais seulement à compter de cette mutation.

A l'avenir le congrès nommera aux places de vice-présidens vacantes, sur la proposition que le conseil lui fera de trois candidats choisis parmi les principaux agens diplomatiques, mariés ou veufs, autres toutefois que ses secrétaires d'Etat ; mais le Roi fait à présent les nominations ci-après, et fixe en outre le rang d'ancienneté des vice-présidens suivant l'ordre dans lequel ils se trouvent nommés.

Le président, premièrement déclaré vice-président, est le citoyen

Les vice-présidens sont les citoyens

35.

Les membres du conseil diplomatique sont inéligibles à toute autre fonction publique, soit pendant qu'ils sont en place, soit après en être sortis.

36.

Il y a près du conseil diplomatique un ministre des relations extérieures, un secrétaire d'Etat et deux messagers d'Etat, que le président a le droit de nommer et de révoquer.

Traitement des Conseils Nationaux.

37.

Le congrès règle le traitement des membres qui composent les conseils nationaux , ainsi que celui des ministres , secrétaires d'Etat et messagers d'Etat.

Ces traitemens ne sont fixés qu'en numéraire.

Chaque conseil national a un palais dans lequel son chef est logé et meublé par la nation.

Relations des Conseils Nationaux entr'eux.

38.

Les conseils nationaux sont absolument indépendans les uns des autres , mais ils correspondent entr'eux , soit pour se transmettre des avis , soit pour l'assistance qu'ils peuvent être dans le cas de se prêter.

Ces relations se pratiquent par des messages formels, ou par des correspondances ministérielles; mais , s'il survient un conflit ou usurpation d'un conseil sur les attributions d'un autre conseil , le différend doit être immédiatement soumis à la décision du congrès.

Responsabilité des Conseils Nationaux.

39.

Les conseils nationaux sont responsables des actes du gouvernement envers le congrès ; mais tout membre qui aura consigné sur le registre qu'il a été d'un avis contraire à un acte qui seroi attaqué, ne pourra être impliqué d'aucune manière dans les recherches et les poursuites auxquelles cet acte donneroit lieu.

Les conseils nationaux doivent au surplus rendre compte chaque année de l'état du royaume, chacun en ce qui le concerne, lui demander les fonds nécessaires à chaque partie de leurs attributions pour l'année suivante, lui donner tous les éclaircissemens dont il peut avoir besoin à ce sujet, et lui faire connoître en même temps, soit les abus qu'ils auroient découverts, soit les améliorations qu'ils auroient conçues.

Ces diverses relations se pratiquent par des messages formels, mais sans préjudice du droit qu'a le congrès de mander les membres des conseils nationaux devant lui, soit en corps, soit individuellement.

Scrutin annuel concernant les Conseils Nationaux.

40.

Le congrès ouvre un scrutin secret, chaque année, dans le mois d   concernant chacun des membres qui composent les conseils nationaux, à l'effet de prononcer s'ils sont continués ou non dans leurs fonctions.

Les membres qui ne sont pas continués doivent se retirer aussitôt que leur révocation leur est notifiée; toute résistance à cet égard est un crime de rébellion.

État politique des Français.

41.

Le royaume de France est un et indivisible ; aucune partie de son territoire ne peut être cédée ni échangée.

42.

Sont citoyens français,

Ceux qui sont nés en France d'un Français ou d'une Française ;

Ceux qui, nés en pays étranger d'un Français ou d'une Française, viennent fixer leur résidence en France, et sont reconnus par un acte de notoriété, signé de deux parens au moins.

Ceux qui, nés en France de parens étrangers, y ont fixé leur résidence ou viennent l'y fixer.

43.

Ceux qui, nés en pays et de parens étrangers, résident en France, deviennent citoyens français après neuf ans de domicile continu, s'ils y ont en outre acquis des immeubles, ou épousé une Française, ou formé un établissement soit d'agriculture, soit de commerce.

44.

Pour exercer les droits de citoyen dans une commune, il faut y avoir acquis domicile par une année de résidence, et ne l'avoir pas perdu par une année d'absence.

(3o)

45.

L'exercice des droits de citoyen se perd ;

1°. Par la naturalisation en pays étranger ;

2°. Par l'affiliation à toute corporation étrangère qui supposeroit des distinctions de naissance, ou qui exigeroit des vœux de religion ;

3°. Par des emplois au service d'un gouvernement étranger ;

4°. Par la condamnation à des peines afflictives ou infamantes, jusqu'à réhabilitation.

46.

L'exercice des droits de citoyen est suspendu ;

1°. Par l'interdiction judiciaire pour cause de fureur, de démence ou d'imbécillité ;

2°. Par l'état de débiteur failli ou d'héritier, immédiat détenteur, à titre gratuit, de tout ou partie de la succession d'un failli ;

3°. Par l'état de domesticité ;

4°. Par l'état d'accusation ;

5°. Par un jugement de contumace, tant que le jugement n'est pas anéanti.

De la Liberté.

47.

Le Français a le droit de dire, écrire et publier sa pensée ; il ne peut être responsable à cet égard que suivant les cas prévus par la loi ;

Il a aussi le droit d'adresser des pétitions, des plaintes et des vues d'utilité publique à toute autorité constituée, notamment au congrès, et il doit y être répondu ; mais ces pièces ne peuvent être signées qu'individuellement, et ne doivent rien contenir qui soit contraire au respect dû à ces autorités.

De l'Égalité.

48.

L'égalité est le droit de participer comme tout autre citoyen aux avantages offerts par la constitution, et de concourir à toutes places ou emplois publics, sans pouvoir rencontrer aucun autre obstacle que la préférence due aux talens et aux vertus.

L'égalité est aussi le droit de ne pouvoir être soumis que comme tous les autres citoyens à des charges publiques et à des services personnels.

De la Propriété.

49.

Le droit de propriété consiste à jouir et disposer librement de ses biens, du fruit de son travail et de son industrie.

Aucun citoyen français ne peut être troublé dans la jouissance de ce droit, et, si une nécessité publique, légalement constatée, l'oblige à céder sa propriété, il doit en être préalablement et équitablement indemnisé.

Et si, en temps de guerre, l'ennemi a dévasté quelques cantons du Royaume, les citoyens qui en souffrent doivent être pareillement indemnisés.

De la Sûreté.

50.

La sûreté consiste dans la disposition de sa personne et l'occupation de son domicile, sans crainte et sans danger.

Aucune force armée n'a le droit d'entrer dans le domicile de qui que ce soit, à moins d'un péril imminent ou d'un attentat commis contre la sûreté publique ou individuelle, et qu'elle ne soit commandée par un magistrat du lieu, assisté de deux voisins.

Nulle personne arrêtée ne peut être détenue que dans les lieux légalement et publiquement désignés pour servir de maison d'arrêt, de maison de justice ou de maison de détention.

Toutes violations de domicile et toutes détentions arbitraires qui seroient ordonnées ou exécutées par quelque autorité publique doivent être dénoncées au congrès : il décrète d'accusation les auteurs et complices de ces attentats.

Division du Territoire.

51.

Le territoire français est divisé en départemens; chaque département en cantons; chaque canton en communes.

Le congrès peut changer les limites des départemens, mais sans pouvoir en réduire le nombre au-dessous de soixante-quatre, ni le porter au-dessus de cent vingt-huit.

Des Colonies.

52.

Les colonies sont régies par des lois particulières; elles peuvent être cédées ou échangées.

Excepté le cas d'une surabondance de population, la nation ne veut pas de nouvelles colonies; elle ne permet aucun nouvel établisement hors de son territoire que dans les îles qui l'avoisinent.

Ne sont réputées îles voisines que celles qui sont plus près de son territoire que de celui d'une autre nation.

Administration des Départemens.

53.

Il y a dans chaque département une administration supérieure et des administrations subordonnées.

Ces administrations sont chargées de la répartition des contributions, de surveiller les établissemens, les dépenses et les revenus publics de leur département.

Il y a aussi, dans chaque département, des municipalités chargées de recevoir et délivrer les actes relatifs à l'état civil et politique.

Il appartient au congrès de déterminer les attributions et les fonctions de ces diverses administrations.

Assemblées Primaires.

54.

Chaque municipalité a une assemblée primaire.

Les assemblées primaires se tiennent de cinq en cinq ans, au 1er.   , dans un édifice désigné à cet effet par les officiers municipaux; mais elles ne sont définitivement réglées au terme de cinq ans qu'à compter du 1er.   de l'an.

Elles ne peuvent être composées que de citoyens ayant trente ans accomplis et payant une contribution foncière en leur seul et privé nom.

Les citoyens qui réunissent ces deux conditions doivent, pour pouvoir être admis dans ces assemblées, en justifier devant leurs officiers municipaux, dans les trois mois qui précèdent leur ouverture ; ces officiers leur délivrent en conséquence des billets d'admission.

· Ces assemblées se constituent sous la présidence du doyen d'âge, qui nomme la quantité de secrétaires qu'il juge nécessaire.

Elles procèdent aussitôt, par voie de scrutin, à la nomination d'un nombre de votans égal au vingtième des citoyens auxquels il a été délivré des billets d'admission, sans qu'aucune autre fraction donne le droit de nommer un votant de plus.

· Ces nominations doivent être terminées avant le six   , et les procès-verbaux en être remis, par les présidens, aux assemblées des votans aussitôt qu'elles se sont constituées.

Assemblée des Votans.

55.

Les votans se réunissent le six   ,
dans le même local que la première assemblée a
occupé, et se constituent sous la présidence du
doyen d'âge qui nomme la quantité de secrétaires
qu'il juge nécessaire.

Ils procèdent aussitôt, par voie de scrutin, à
une nomination d'électeurs, dans un nombre égal
au dixième de leur propre nombre, sans qu'aucune autre fraction donne le droit de nommer un
électeur de plus.

Ils doivent avoir terminé ces nominations avant
le seize   , et leurs présidens en remettre
aux électeurs les procès-verbaux, ainsi que ceux
des assemblées primaires, aussitôt qu'ils se sont
constitués.

Assemblées électorales de Municipalités.

56.

Les électeurs nommés par les votans se réunissent
le seize   dans un édifice désigné à cet
effet par les officiers municipaux, et composent
les assemblées électorales de municipalités.

Ils se constituent sous la présidence du doyen
d'âge, qui nomme la quantité de secrétaires qu'il
juge nécessaire.

Leurs fonctions consistent à élire par voie de
scrutin :

1°. Six candidats pour la députation au congrès,

en observant de les désigner par le rang de leur élection ;

2°. Un député à l'assemblée électorale de leur département, et cinq suppléans de ce député, aussi en observant de désigner ces suppléans par le rang de leur élection.

Ces électeurs ne peuvent nommer aucun d'eux comme candidat pour la députation au congrès ; mais leur député à l'assemblée électorale de leur département et ses cinq suppléans sont nécessairement pris dans leur sein.

Ils ne sont pas astreints, dans le choix des candidats pour la députation au congrès, à la qualité de propriétaire foncier ; mais ils ne doivent pas en proposer, 1°. qui ne soient nés dans leurs départemens respectifs ; 2°. qui n'aient trente ans accomplis ; 3°. qui ne soient mariés ou veufs.

Ils doivent terminer leurs élections avant le premier   , et en remettre les procès-verbaux à leurs députés, ainsi que ceux des assemblées primaires et des assemblées de votans, pour être, les uns et les autres, déposés aux archives des assemblées électorales de départemens.

Ces électeurs reçoivent chacun, pour le temps de leur session, une indemnité fixée à la valeur de   myriagrammes de froment, que le consulat leur fait payer immédiatement par les officiers de leurs municipalités.

Assemblées électorales de Départemens.

57.

Les députés nommés par les assemblées électorales de municipalités se réunissent le seize
dans un palais du chef-lieu de leur département,
uniquement destiné à cet effet, et composent les
assemblées électorales de départemens.

Ces assemblées nomment et révoquent les membres qu'elles doivent fournir au congrès, ainsi que
leurs suppléans ; et chacune a en outre le pouvoir de destituer les chefs des conseils nationaux,
mais sans que ces révocations et ces destitutions
puissent jamais être regardées comme des incul-
pations, ni même être motivées.

Ces assemblées se constituent sous la présidence
du doyen d'âge, mais nomment deux secrétaires
par voie de scrutin.

Leur première attribution est d'élire, chacune,
un député au congrés, et cinq suppléans de ce
député ; mais elles ne peuvent jamais fixer leur
choix que sur les candidats proposés par les assemblées électorales de municipalités.

Ces assemblées ne votent que par scrutin secret.

Quant à la révocation de leurs députés au congrès et de leurs suppléans, chacune de ces assemblées, toutes les fois qu'elle se réunit ou se renouvelle, ouvre un scrutin concernant chacun d'eux
en particulier, à l'effet de prononcer s'ils sont
continués ou non dans leurs fonctions.

S'ils ne sont pas continués, l'assemblée pourvoit

immédiatement à leur remplacement, et adresse ensuite au congrès les procès-verbaux, tant de ses révocations que de ses élections.

Les membres du congrès qui sont révoqués, cessent leurs fonctions aussitôt que leur révocation leur est notifiée.

A l'égard de la destitution des chefs des conseils nationaux, elle ne peut être mise au scrutin que sur une motion appuyée de trente membres.

Si la destitution est prononcée, l'assemblée en envoie le procès-verbal au congrès qui le notifie au chef destitué, et lui intime l'ordre de cesser immédiatement ses fonctions.

Les sessions de ces assemblées ne sont pas limitées ; elles les continuent autant de temps qu'elles le jugent à propos ; elles s'ajournent ensuite indéfiniment, mais elles ne sont jamais dissoutes que par leur renouvellement quinquennal ; leurs présidens et leurs secrétaires restent en permanence pour les convoquer, si la conservation de la Constitution ou d'autres circonstances leur paroissent l'exiger ; et même leurs présidens ont le droit de faire eux seuls ces convocations.

En cas de décès du président d'une assemblée électorale, l'électeur le plus ancien d'âge lui succède ; il est en conséquence formé dans chacune de ces assemblées une liste des cinq électeurs les plus âgés pour régler l'ordre de cette succession.

Il est aussi nommé cinq suppléans pour remplacer les secrétaires de l'assemblée, en cas de mort ou démission ; mais cette nomination se fait au scrutin.

Commissions Electorales administratives.

58.

Chaque assemblée électorale a une commission administrative qui est chargée de pourvoir à tout ce qui concerne son service , qui règle toutes dépenses à ce sujet , et en ordonne le paiement.

Cette commission est composée des trois électeurs les plus âgés parmi ceux qui sont députés de la part du chef-lieu du département , et présidée par leur doyen d'âge sous le titre de *premier commissaire électoral.*

Dans le cas où les députés d'un chef-lieu de département ne sont pas au nombre requis pour former cette commission , elle se complète avec les électeurs des députations les plus voisines; mais les présidens et secrétaires de l'assemblée électorale ne peuvent jamais en être membres.

Cette commission ouvre ses séances dès le jour même où l'assemblée électorale s'est formée ou renouvelée.

Indemnités des Assemblées électorales de départemens.

59.

Chaque président d'assemblée électorale reçoit annuellement une indemnité égale à la valeur de myriagrammes de froment.

De plus il est logé et meublé au palais électoral : mais toute représentation qui pourroit occasionner de la dépense lui est absolument interdite ; notamment les repas de corps.

Chaque secrétaire reçoit une indemnité égale à la valeur de   myriagrammes.

Chaque premier commissaire électoral reçoit une indemnité égale à la valeur de myriagrammes.

Tous les autres électeurs reçoivent chacun, pour chaque jour de la session de leur assemblée générale, une indemnité égale à la valeur de myriagrammes ;

De plus, pour le remboursement de leurs frais de voyage, une somme fixée dans un tarif arrêté par chaque administration électorale.

Fonds pour le service des Assemblées électorales de départemens.

60.

Le consulat, aussitôt la réquisition de chaque commission électorale administrative, visée par le président de l'assemblée électorale, et contre-signée par un des secrétaires, fait mettre à sa disposition dans la principale caisse du chef-lieu du département les fonds qu'elle lui a demandés.

Comptabilité des Commissions électorales administratives.

61.

Chaque commission électorale administrative rend compte de son exercice, année par année, fait imprimer ce compte en nombre suffisant d'exemplaires pour que tous les électeurs puissent le recevoir, et remet ces exemplaires au président de l'assemblée électorale, qui les leur fait parvenir.

Chaque assemblée électorale, aussitôt qu'elle est entrée en session, nomme une commission de sept membres pour lui faire un rapport sur chaque compte rendu, et statue ensuite, soit sur leur approbation, soit sur leur improbation.

Dans le cas d'improbation, l'assemblée poursuit la responsabilité de sa commission administrative devant le tribunal compétent.

Régime, Tenue et Sûreté des Assemblées Primaires et Électorales.

62.

Les assemblées primaires et électorales s'ouvrent, se tiennent et se renouvellent, ainsi qu'il est statué par la constitution ; mais le congrès fait toutes les lois et tous les réglemens concernant leur régime, et pourvoit à leur sûreté.

Les assemblées électorales de départemens ont exclusivement le droit de police dans leurs palais ; mais le congrès fait les réglemens qui concernent la police des assemblées primaires et électorales de municipalités, et en outre, les officiers municipaux assistent à celles-ci, et y requièrent l'exécution, tant de ces réglemens que de la constitution.

Garantie des Autorités constituées.

63.

Les membres des assemblées électorales de départemens, les membres du congrès et les membres des conseils nationaux ne peuvent être mis en jugement que lorsque le congrès a rendu contre eux un décret d'accusation.

Ils peuvent, pour faits criminels, être saisis en flagrant délit, mais il en est donné avis sans délai au congrès.

Hors le cas de flagrant délit, ils ne peuvent être amenés devant les officiers de police ni être mis en arrestation, avant que le décret d'accusation ne soit rendu.

Aucune plainte contre eux ne peut donner lieu à poursuite, si elle n'est rédigée par écrit, signée et adressée au congrès.

Ils ne peuvent être traduits devant les tribunaux ordinaires; ils ne sont justiciables que du haut tribunal criminel.

Attributions spéciales du Congrès.

64.

Le congrès a le droit de discipline sur ses membres, mais sans pouvoir prononcer une peine plus forte que la censure, les arrêts pour huit jours, ou la prison pour trois jours.

Il peut cependant infliger la prison pour un terme plus long, dans le cas d'un déréglement notoire de mœurs, mais à la charge d'en informer l'assemblée électorale dont le membre inculpé est député.

65.

Le congrès poursuit devant le haut tribunal criminel la responsabilité des conseils nationaux et de leurs principaux agens.

Il accuse et poursuit devant le même tribunal ceux qui sont prévenus d'attentat et de complot contre la liberté individuelle, contre la sûreté de l'Etat ou contre la constitution.

66.

Le congrès peut, soit à titre de reconnoissance nationale, soit sans déclarer ses motifs, continuer son président et les chefs de conseils nationaux dans leurs fonctions au-delà des quatre ans qui leur sont donnés par la constitution, mais sans que cette continuation puisse chaque fois se faire ou se renouveler pour un plus long terme.

67.

Le congrès fixe et accorde les pensions dont il juge susceptibles les citoyens que leur âge ou leurs infirmités obligent à se démettre de fonctions ou services publics, ou qui s'en trouvent démis par des révocations et des destitutions qui ne compromettent pas leur probité.

Il peut même en accorder la réversibilité, soit en totalité, soit en partie, à leurs veuves et à leurs enfans jusqu'à la majorité de ceux-ci, ou leur établissement, en considération d'un manque de moyens d'existence, ou par tout autre motif recommandable.

Attributions spéciales du Président du Congrès.

68.

Le président du congrès a exclusivement le droit de police dans l'intérieur du palais du congrès et dans l'enceinte extérieure de ce palais.

69.

Le président du congrès est chargé de pourvoir à tous les emplois nécessaires au service de ce corps, ainsi qu'à l'entretien de son palais; il fixe en conséquence tous appointemens et tous gages, ordonne toutes dépenses et tous paiemens, signe toutes commissions, et les retire, s'il le juge à propos.

Prérogatives du Roi.

70.

Le Roi est le chef suprême de l'administration de l'Etat.

La voix du Roi est prépondérante et décisive dans les délibérations des conseils nationaux, quand les opinions s'y trouvent partagées.

Le Roi nomme à tous les emplois civils, judiciaires, administratifs, militaires, diplomatiques et autres extérieurs, sur la présentation qui lui est faite de trois candidats par les conseils nationaux compétens, à moins qu'il ne s'agisse de nommer par ordre de tableau ou rang d'ancienneté, et il démet de ces emplois ceux qui en sont pourvus, quand ces conseils sont d'un avis unanime pour la destitution.

Le Roi peut commuer les peines prononcées par les tribunaux criminels, par les conseils de guerre et autres commissions militaires ; il n'y a d'exception que pour les condamnations portées par le haut tribunal criminel.

L'effigie du Roi est empreinte sur les monnoies.

Relations entre le Congrès et le Roi.

71.

Les relations respectives du congrès et du Roi se pratiquent par l'intermédiaire des conseils nationaux.

Les lois, décrets et autres actes du congrès, sont adressés au Roi, en son conseil de chancellerie.

Le Roi, néanmoins, correspond directement avec le congrès pour ses affaires personnelles, celles de sa famille, ou autres objets auxquels il s'intéresse particulièrement ; et, dans ces cas, l'administrateur de la liste civile porte ses propositions au président qui en fait un rapport au congrès, et en transmet la réponse au Roi par un vice-président.

Cette correspondance ne peut jamais être traitée qu'en comité général et secret.

Administration de la Justice.

72.

Il y a, pour l'administration de la justice, des

tribunaux de paix ou conciliation, des tribunaux civils de première instance, des tribunaux correctionnels, des tribunaux d'appel et des tribunaux criminels.

Il y a aussi des tribunaux particuliers pour le commerce de terre et de mer.

Le congrès peut augmenter ou diminuer le nombre de ces tribunaux, déterminer leur siége et leur ressort, ainsi que la quantité de juges dont ils doivent être composés.

73.

L'établissement des tribunaux de justice n'ôte pas le droit de faire prononcer sur les différends par des arbitres, au choix des parties.

74.

Les tribunaux de première instance ne peuvent admettre aucune action, sans qu'il leur soit justifié que les parties ont comparu, ou que le demandeur a cité sa partie adverse devant la justice de paix.

75.

En toute espèce de procès, nul ne peut être distrait des juges que la loi lui assigne, et, en matière de délits emportant peine afflictive ou infamante, nul ne peut être jugé que sur une accusation admise par des jurés, ou décrétée par le congrès.

Les délits des militaires sont seuls exceptés de la disposition ci-dessus ; ils sont soumis à des tribunaux spéciaux et à des formes particulières de jugement.

Tribunal de Cassation.

76.

Il y a pour tout le royaume un seul tribunal de cassation.

Les membres de ce tribunal sont au nombre de

Les membres actuels sont conservés ; et en cas de décès, démission ou révocation, ils sont remplacés par les plus anciens présidens des tribunaux d'appel.

77.

Les attributions du tribunal de cassation consistent à prononcer,

Sur les demandes en cassation contre les jugemens rendus en dernier ressort par les tribunaux;

Sur les demandes en renvoi d'un tribunal à un autre pour cause de suspicion;

Sur les réglemens de juges et les prises à parties contre un tribunal entier.

Haut-Tribunal-Criminel.

78.

Il y a un haut-tribunal-criminel pour juger les accusations décrétées par le congrès.

Ce tribunal est formé de membres du tribunal de cassation et de jurés pris parmi les derniers électeurs de municipalités, mais dont la résidence soit éloignée de celle du congrès, de dix myriamètres au moins, et qui ne soient ni. nés dans les départemens où sont nés les accusés, ni domiciliés dans les communes de leur domicile.

Le haut tribunal criminel ne s'assemble que lorsque le congrès a rendu le décret d'accusation contre les individus qu'il doit juger, réglé et proclamé sa formation.

Il tient ses séances dans la ville où réside le congrès.

Monnaies.

79.

Au congrès seul appartient le droit de régler la fabrication et l'émission de toute espèce de monnaie, d'en fixer la valeur et le poids, et d'en déterminer le type.

Assiette des Contributions publiques.

80.

Après cinq ans de la mise en activité de la présente constitution, il ne pourra plus exister d'impôts que sur les articles ci-après :

1°. Les revenus fonciers ;

2°. L'enregistrement des actes civils et judiciaires ;

3°. Le timbre ;

4°. Les patentes du commerce et autres professions ou états d'espèces lucratives ;

5°. Les postes et messageries ;

6°. La marque des effets d'or et d'argent ;

7°. Les poudres et salpêtres ;

8°. Les successions collatérales ;

9°. Le tonnage ou taxe sur la capacité des voitures et des vaisseaux servant au transport des personnes et des marchandises ;

10°. La capitation des chevaux et des mulets.

Le produit du tonnage et de la capitation doit être exclusivement consacré, tant à la confection et à l'entretien des chemins, des ponts et des canaux, qu'au curage des ports, fleuves et rivières.

8o.

Une contribution personnelle et mobiliaire est autorisée, dans le cas de guerre, en sus des augmentations qui pourront être faites alors sur les impôts permis par l'article précédent.

Toute autre espèce de moyens extraordinaires est interdite à jamais, notamment tout emprunt et toute constitution de rentes ou intérêts, sous quelle forme que ce puisse être.

Trésorerie Nationale et Comptabilité.

81.

La trésorerie nationale et la comptabilité sont organisées par le congrès et sous son autorité.

La comptabilité rend chaque année le compte de l'année précédente, tant pour les recettes que pour les dépenses publiques, et présente elle-même ce compte au congrès qui le fait imprimer, pour être distribué à tous ses membres.

Quant à la trésorerie, le congrès crée dans son sein une commission permanente pour en surveiller les opérations ; mais les membres de cette commission sont renouvelés chaque année par moitié.

Le président du congrès est chargé de diriger le service de la trésorerie jusqu'à ce que la commission ci-dessus mentionnée soit en activité.

Secours publics.

82.

La nation entretient le nombre d'établissemens nécessaire, 1°. pour que l'humanité souffrante ne puisse jamais manquer d'être secourue; 2°. pour que les enfans abandonnés puissent être élevés.

Colléges de Médecine, de Chirurgie, et Écoles Vétérinaires.

83.

La nation fournit aux dépenses nécessaires pour que l'enseignement relatif au traitement des maladies des hommes et des animaux soit habilement dirigé et bien répandu.

De grands honneurs et de grands prix, tant en argent qu'en pensions, doivent être décernés aux citoyens qui auront trouvé les moyens de guérir les maladies regardées, jusqu'à présent, comme incurables.

Instruction publique.

84.

Il doit y avoir, dans chaque municipalité, une école publique et gratuite pour apprendre aux enfans à lire, à écrire, et les élémens du calcul et de la morale; et la nation fournit, aux frais des instituteurs, moyennant une somme payée à titre de logement.

La nation entretient en outre, dans sa capitale, des chaires de belles-lettres, sciences et arts; et encore dans ses principales villes de guerre et ses principaux ports de mer, des écoles relatives aux emplois militaires qui exigent des connoissances particulières dans les sciences et dans les arts.

Institut National.

85.

Il y a pour tout le royaume un institut national chargé de recueillir les découvertes et de perfectionner les sciences et les arts.

Ère. — Poids et Mesures.

86.

Le calendrier adopté dans le temps de la révolution doit être rétabli; seulement la dénomination des mois doit être supprimée et remplacée par celle des signes du zodiaque.

Quant aux poids et mesures, ils doivent être maintenus et suivis conformément aux lois actuelles.

Force Armée.

87.

La force armée est composée d'armées de terre, d'armées navales et d'une garde nationale.

88.

Les armées de terre et les armées navales sont exclusivement sous l'autorité du Roi. La garde nationale est exclusivement sous l'autorité du congrès.

89.

La garde nationale est composée de tous les citoyens et fils de citoyens en état de porter les armes.

Elle est partagée en légions mobiles, soldées, et en légions sédentaires, non soldées.

Le congrès détermine le nombre de ces légions, et en règle la formation ainsi qu'il le juge à propos.

90.

Les armées de terre sont concentrées dans les départemens-frontières.

Le congrès détermine un rayon qui les sépare des départemens intérieurs, et de manière que les citadelles de troisième ligne soient exclusivement et constamment occupées par la garde nationale.

91.

Le congrès statue annuellement, après la proposition du Roi, sur le nombre d'hommes et de vaisseaux dont les armées de terre et de mer seront composées, ainsi que sur toutes les dépenses de ces armées.

92.

Les armées de terre et les armées navales se forment et se recrutent par enrôlemens volontaires.

et, en cas de besoin, par le mode que la loi détermine.

93.

Aucun corps ou détachement de troupes ne peut
intervenir et agir dans des émeutes populaires ou
autres troubles civils, sans une réquisition légale.

94.

Il ne peut être donné passage à des troupes
étrangères sur le territoire du Royaume, ou être
admis des forces navales étrangères dans ses ports,
sans une permission du congrès.

95.

Il ne peut être pris aucune troupe étrangère au
service momentané ou permanent du Royaume,
sans le consentement du congrès.

96.

Le commandement en chef des armées ne peut
jamais être confié qu'à des généraux nés en
France : les membres du généralat ne peuvent en
commander aucunes, ni même s'éloigner de plus
de dix myriamètres de la résidence du congrès, sans
son consentement.

97.

Il doit être établi des hôtels séparés pour les
militaires invalides du service de terre et du service de mer.

Des Relations extérieures.

98.

Le Roi seul peut entretenir des relations poli-
iques avec les gouvernemens étrangers, arrêter et

signer, ou faire signer avec ces gouvernemens tels traités ou telles conventions qu'il jugera nécessaires à l'Etat, sauf la ratification du congrès.

99.

La ratification du congrès ne peut avoir lieu; quant aux traités de paix, 1°. si l'ennemi n'a pas préalablement fait les réparations convenables pour les violations du droit des gens qu'il auroit commises envers le domicile ou les personnes, soit des ambassadeurs et autres agens diplomatiques, soit des commissaires des relations commerciales de la nation; 2°. s'il n'a pas remboursé le montant des dommages qu'il auroit causés à des cantons du Royaume, et qui ne seroient pas justifiés par les nécessités de la guerre.

100.

Dans le cas où un traité renfermeroit des articles secrets, les dispositions de ces articles ne pourroient avoir aucun effet. si elles étoient destructives des articles patens, et si elles contenoient quelque aliénation du territoire français.

101.

Le Roi ne peut différer de faire des préparatifs de guerre proportionnés à ceux qui se feroient dans des Etats voisins, lors même qu'il seroit notoire que ces Etats n'auroient aucunes vues hostiles contre la France.

102.

La guerre ne peut être décidée que par un décret du congrès, rendu sur la proposition formelle et nécessaire du Roi; mais en cas d'hostilités imminentes ou commencées, le Roi emploie provisoirement pour la défense de l'Etat tous les moyens mis à sa disposition.

103.

Les nations étrangères ont pleine et entière liberté d'importer par terre et par mer dans le Royaume, et d'en exporter par les mêmes voies, toutes les marchandises et denrées dont elles voudront traiter, sans en excepter les blés et autres espèces de grains; le commerce étranger, en un mot, ne peut essuyer aucune gêne ou prohibition, ni être soumis à aucun droit ou imposition quelconque au profit de l'Etat; et il n'y en a d'exclues que les nations qui elles-mêmes n'admettroient pas les Français à commercer chez elles avec la même liberté d'importation et d'exportation, ou qui assujétiroient leurs vaisseaux, marchandises et denrées à des droits ou impôts plus forts que ceux qui se trouveroient mis sur leur propre navigation ou sur toute autre importation de marchandises et denrées de même nature.

104.

Le droit d'aubaine est aboli, sans pouvoir jamais être rétabli.

Les étrangers, domiciliés ou non en France, succèdent à leurs parens, étrangers ou Français; ils peuvent contracter, acquérir et recevoir des biens situés en France, et en disposer de même que tout citoyen français, par tous les moyens autorisés par les lois.

105.

Les étrangers qui se trouvent en France sont

soumis aux mêmes lois criminelles et de police que les citoyens français, sauf les conventions arrêtées avec les gouvernemens étrangers ; leurs personnes, leurs biens, leur industrie, leur culte, sont également protégés par la loi.

Séances du Congrès.

106.

Le congrès est permanent ; quand il prend des vacances ou un ajournement de plus de dix jours, il nomme une commission de cinq membres, pour veiller à l'expédition des affaires pendant son absence, et lui donne en conséquence des instructions.

Les séances du congrès sont publiques ; mais, quand il le juge à propos, il se forme en comité général et secret.

Initiative des Lois.

107.

Les membres du congrès, les membres des conseils nationaux et les membres du tribunal de cassation, ont d'office l'initiative des lois ; mais elle appartient aussi à tout citoyen individuellement.

Confection des Lois.

108.

Le congrès ne peut pas délibérer si la séance n'est pas composée des deux tiers de ses membres.

Il règle la forme de ses délibérations, mais il ne peut rien décréter qu'en séance publique, qu'après l'heure de midi, et qu'après trois lectures du projet de loi ou de décret, à trois intervalles, au moins de cinq jours chacun, excepté dans des cas d'urgence qui, alors, doivent être énoncés dans le préambule de la loi ou du décret.

Il ne peut jamais voter que par appel nominal dans les affaires majeures, notamment sur la guerre, sur la paix, sur les impôts, sur le régime des assemblées primaires et électorales, sur la police de l'imprimerie, et sur la régence du royaume.

Le procès-verbal de tout appel nominal doit être immédiatement envoyé au consulat, qui doit aussi, sans délai, le faire imprimer, et en adresser cinq exemplaires à chaque président d'assemblée électorale de département, pour être par eux rendu compte à ces assemblées des votes de leurs députés sur chaque loi ou décret porté par appel nominal.

Promulgation des Lois.

109.

Le pouvoir exécutif fait sceller et publier les lois et les autres actes du congrès dans les deux jours après leur réception, et dans le jour même, s'ils sont précédés d'un décret d'urgence.

Le Roi, cependant, peut suspendre la promulgation des lois, autres toutefois que celles rendues d'urgence, si leur exécution lui paroît devoir entraîner des inconvéniens; mais il doit, dans les cinq jours de leur réception, envoyer au congrès les motifs de cette suspension.

Si le congrès adopte ces motifs, il rapporte la loi en suspens; dans le cas contraire, il appelle de cette suspension au peuple.

A l'effet de prononcer sur les appels dont il s'agit, le peuple est représenté dans chaque département par une assemblée de sept notables ; savoir, le président de l'assemblée électorale et six autres électeurs nommés par ce président.

Le congrès adresse, en conséquence, à chaque président d'assemblée électorale une expédition de la loi dont la promulgation est suspendue, et une copie certifiée des motifs de la suspension.

Ce président réunit aussitôt les notables pour décider s'il y a lieu, ou non, à cette suspension, et envoie sans délai deux expéditions de cette décision ; l'une au congrès, et l'autre au Roi.

Si la majorité des assemblées de notables a décidé qu'il n'y a pas lieu à la suspension de la loi, le roi la fait promulguer sur-le-champ ; dans le cas contraire, le congrès s'empresse de la rapporter.

Garde du Congrès.

110.

Le congrès détermine le nombre d'hommes, tant à pied qu'à cheval, qui doivent composer sa garde.

Garde du Roi.

111.

La garde du Roi est composée d'un régiment d'infanterie et d'un régiment de cavalerie, chacun de la même consistance qu'ont les autres régimens de l'armée de ligne.

La nation se charge de toutes les dépenses qui concernent cette garde, et le congrès les fait payer sur les états qui lui en sont présentés par l'administrateur de la liste civile.

Ordre des Vertus civiles.

112.

La nation institue l'ordre des Vertus civiles pour récompenser les citoyens qui auront bien mérité de la patrie, soit dans les fonctions publiques, soit dans les sciences, soit dans les lettres, soit dans les arts, soit par des découvertes, soit par des actes de bienfaisance et d'humanité.

Le congrès est le chef suprême de l'ordre, et en fixe les statuts.

Les membres de l'ordre auront le titre de chevalier, qui porteront des marques ou décorations représentant un soleil de gloire.

Ces marques pourront être de trois classes; mais celles des deux premières ne donneront aucun titre que celui de chevalier de première ou de seconde classe.

Les présidens des assemblées électorales de départemens, le président du congrès et les chefs des conseils nationaux seront de droit chevaliers de première classe.

Les autres membres du congrès et des conseils nationaux seront chevaliers de seconde classe.

Le congrès seul peut admettre dans l'ordre et en accorder les marques.

Il pourra aussi accorder des pensions, des gratifications et des médailles à titre de récompenses nationales, et les citoyens qui les auront obtenues seront qualifiés d'aggrégés à l'ordre.

Les conseils nationaux, chacun en ce qui le concerne, rendront compte au congrès, pour et au nom du Roi, de tous les faits ou services par lesquels des citoyens leur paroîtront dignes des récompenses nationales, et lui proposeront en même temps, soit de les admettre dans l'ordre, soit de les y aggréger, et, après leur proposition, le congrès statuera ce qu'il jugera à propos.

Le congrès décernera les honneurs du triomphe aux généraux et aux armées qui auront remporté des victoires éclatantes, et en réglera les solennités.

Ordres Royaux.

113.

Le Roi institue tels ordres et telles décorations qu'il juge à propos, tant pour distinguer sa personne, sa famille et les principaux de sa cour, que pour récompenser les services militaires ; mais les statuts de ces ordres doivent être préalablement communiqués au congrès pour y être fait les observations qu'il croira convenables, et être déposés dans ses archives après qu'ils auront été respectivement arrêtés.

Dangers de la Patrie.

114.

Tout empêchement mis à l'ouverture et à la tenue constitutionnelle des assemblées primaires et électorales est la conspiration la plus criminelle ; mais quels que puissent être encore les dangers de la patrie, les assemblées électorales de départemens sont convoquées par leur seule notoriété, et doivent se réunir immédiatement dans leurs palais ou, en cas d'obstacles, dans les départemens voisins.

Ces assemblées, aussitôt leur réunion, proclament les dangers de la patrie, en déclarent les causes ou les auteurs, et délibèrent de la manière dont elles le jugent à propos sur les mesures à prendre pour les faire cesser.

Tous leurs actes quelconques à ce sujet s'appellent *plébiscites* ; les membres des autorités établies dans leurs départemens respectifs, tous les autres fonctionnaires publics y résidant, leurs propres députés au congrès et les membres des conseils nationaux sont tenus d'y obéir sur-le-champ, chacun en ce qui le concerne, ou elles les mettent hors de la loi.

A l'instant même où ces assemblées ont proclamé les dangers de la patrie, toutes les troupes qui se trouvent dans leurs ressorts respectifs, et tons les citoyens en état de porter les armes doivent se rallier auprès d'elles, et n'ont plus d'ordres à recevoir que par leur canal, et si ces ordres ne sout revêtus du visa de leurs présidens.

Ces assemblées se séparent après le rétablissement de la tranquillité, et rentrent de nouveau dans un ajournement indéfini.

Les indemnités qui leur sont dues pour de pareilles sessions se paient dans la proportion de celles réglées pour leurs sessions ordinaires ; mais, dans le cas où elles auroient été contraintes à tenir leurs séances dans un autre département que celui auquel elles appartiendroient, ces indemnités leur

seront payées au double, ainsi que leurs frais de
voyage.

Révision de la Constitution.

115.

Les assemblées électorales de départemens sont
seules compétentes et seules fondées pour statuer
sur des changemens dans la constitution, pourvu
toutefois qu'il ne s'agisse pas de changer la forme
du gouvernement, dont le droit n'appartient qu'à
la nation assemblée à cet effet.

Le sort des projets de changemens qui peuvent
être soumis aux assemblées électorales, se décide
à la pluralité absolue de ces assemblées : mais elles
ne peuvent voter que sur ceux dont la proposition
leur est transmise par le consulat, et qu'à l'époque
de leur renouvellement quinquennal, elles ne peuvent non plus ouvrir aucune discussion sur ces
projets ; elles les admettent ou les rejettent tels
qu'ils sont présentés.

Le congrès propose d'office les changemens
qu'il juge nécessaires, mais tout citoyen a aussi
le droit d'en proposer : dans ce cas, il en adresse
le projet au tribunal de cassation, et si ce tribunal
le juge présentable, il le rédige, au besoin, d'une
meilleure rédaction, et l'envoie au consulat qui,
à son tour, le transmet aux présidens des assemblées électorales, lesquels le font imprimer et dis-
tribuer aux membres de ces assemblées.

Elles votent par scrutin secret sur les changemens proposés, dressent un procès-verbal du résultat de leurs votes, et en envoient chacune trois

expéditions : la première au congrès ; la seconde au consulat ; la troisième au tribunal de cassation.

Si les changemens proposés sont admis , le consulat les proclame aussitôt , et le congrès en règle la classification dans l'acte constitutionnel.

Dans le cas où ils sont rejetés , le consulat en proclame également le rejet ; mais les assemblées électorales doivent, à leur premier renouvellement, réitérer un scrutin, soit pour les admettre , soit pour les rejeter de nouveau ; et s'ils sont rejetés une seconde fois , ils ne peuvent être reproduits qu'après un intervalle de dix-neuf ans, et pour la dernière fois.

Quant aux changemens qu'on proposeroit de faire dans la forme du gouvernement , les assemblées électorales doivent ouvrir un scrutin à l'effet de pronoucer si elles estiment qu'ils soient présentables à la nation , dressent un procès verbal du résultat de leurs votes , et en envoient trois expéditions : la première au congrès ; la deuxième au consulat ; la troisième au tribunal de cassation.

Si la pluralité absolue des assemblées électorales a voté pour que ces changemens soient présentés à la nation, ils doivent lui être soumis dans chacune des municipalités ; le congrès décrète en conséquence la convocation des assemblées primaires au terme le plus prochain, ainsi que les formes à observer, tant pour donner les votes que pour en constater le résultat.

Les électeurs de départemens , assistés des officiers municipaux , président la nation ainsi con-

voquée, et portent ensuite son vœu à leurs assemblées respectives.

Ces assemblées déclarent ce vœu, chacune pour
son département, en dressent un procès-verbal,
et en envoient aussitôt les expéditions ci-dessus
réglées au congrès, au consulat et au tribunal de
cassation.

Si la pluralité absolue des départemens a accepté
les changemens proposés, le consulat les proclame
aussitôt, et le congrès décrète aussi sans délai
toutes les mesures nécessaires pour leur exécution.

Dans le cas où ils sont rejetés, le consulat proclame également ce rejet, et ils ne peuvent être
reproduits que de vingt-neuf en vingt-neuf ans.

Dépôt de la Constitution.

116.

Le dépôt de la présente Constitution sera fait
par l'envoi d'une ampliation signée du Roi, et
scellée de son sceau, à chacune des assemblées
électorales de départemens et au congrès, aussitôt
que ces corps seront formés et réunis.

FIN IMPR.